DEPORTES PARA PRINCIPIANTES

Baloncesto espectacular

Bobbie Kalman y John Crossingham

Crabtree Publishing Company

www.crabtreebooks.com

DEPORTES PARA PRINCIPIANTES

Mixed Sources
Product group from well-managed forests and other controlled sources
www.fsc.org Cert no. SW-COC-1271
© 1996 Forest Stewardship Council

Creado por Bobbie Kalman

Dedicado por John Crossingham
Para John, Danny, Glen y Brad:
Los campeones de basquetbol callejero de las provincias marítimas de Canadá.

Editora en jefe
Bobbie Kalman

Equipo de redacción
Bobbie Kalman
John Crossingham

Editora de contenido
Kelley MacAulay

Editor de proyecto
Robert Walker

Editoras
Molly Aloian
Kathryn Smithyman

Investigación fotográfica
Crystal Sikkens

Diseño
Margaret Amy Salter

Consultor lingüístico
Dr. Carlos García, M.D., Maestro bilingüe de Ciencias, Estudios Sociales y Matemáticas
Coordinadora de producción
Margaret Amy Salter
Consultor
Matt Zeysing, historiador y archivista
Salón de la Fama de Basquetbol Naismith Memorial
Ilustraciones
Todas las ilustraciones son de Trevor Morgan
Fotografías
© Sandra Henderson. Imagen de BigStockPhoto.com: página 23 (parte superior)
Marc Crabtree: páginas 8 (izquierda), 9 (partes superior e inferior izquierda)
Icon SMI: páginas 17, 18, 29 (parte superior); JB Autissier/Panoramic/ZUMA Press: página 29 (parte inferior); John Biever: página 21; Darryl Dennis: páginas 10, 14, 27 (parte superior); Jerry Lara/San Antonio Express-News/ZUMA Press: página 13; Jeff Lewis: página 20; John McDonough: página 16; Manny Millan/SI: página 27 (parte inferior); Edward A. Ornelas/San Antonio Express-News/ZUMA Press: página 19; Michael Pimentel: página 22; Gary Rothstein: página 15; Robert Seale: página 5; Thomas B. Shea: página 1; Max Turner: página 28; ZUMA Press: página 26
iStockphoto.com: Kirk Strickland: página 23 (parte inferior)
© Photosport.com: portada, páginas 9 (derecha), 11 (izquierda), 24, 25
© ShutterStock.com: Nir Keidar: página 11 (derecha); Larry St. Pierre: página 12
Otras imágenes de Corbis, Digital Stock y Photodisc
Traducción
Servicios de traducción al español y de composición de textos suministrados por translations.com

Library and Archives Canada Cataloguing in Publication

Baloncesto espectacular / Bobbie Kalman y John Crossingham.

(Deportes para principiantes)
Includes index.
Translation of: Slam dunk basketball.
ISBN 978-0-7787-8637-5 (bound).--ISBN 978-0-7787-8646-7 (pbk.)

1. Basketball--Juvenile literature. I. Crossingham, John, 1974-
II. Title. III. Series.

GV885.1.K2418 2008   j796.323   C2008-902903-8

Library of Congress Cataloging-in-Publication Data

Kalman, Bobbie.
[Slam dunk basketball. Spanish]
Baloncesto espectacular / Bobbie Kalman y John Crossingham.
p. cm. -- (Deportes para principiantes)
Includes index.
ISBN-13: 978-0-7787-8646-7 (pbk. : alk. paper)
ISBN-10: 0-7787-8646-3 (pbk. : alk. paper)
ISBN-13: 978-0-7787-8637-5 (reinforced library binding : alk. paper)
ISBN-10: 0-7787-8637-4 (reinforced library binding : alk. paper)
1. Basketball--Juvenile literature. I. Crossingham, John. II. Title. III. Series.

GV885.1.K3418 2008   796.32--dc22

2008019078

Crabtree Publishing Company

www.crabtreebooks.com   1-800-387-7650

Publicado en Canadá
Crabtree Publishing
616 Welland Ave.
St. Catharines, ON
L2M 5V6

Publicado en los Estados Unidos
Crabtree Publishing
PMB16A
350 Fifth Ave., Suite 3308
New York, NY 10118

Publicado en el Reino Unido
Crabtree Publishing
White Cross Mills
High Town, Lancaster
LA1 4XS

Publicado en Australia
Crabtree Publishing
386 Mt. Alexander Rd.
Ascot Vale (Melbourne)
VIC 3032

Impreso en Canadá

Contenido

El basquetbol

El basquetbol, también conocido como baloncesto, es uno de los **deportes de equipo** más populares del mundo. En este deporte se enfrentan dos equipos. Los equipos de basquetbol juegan sobre un piso de madera que se llama **cancha**. En cada extremo de la cancha hay un **cesto**. El cesto tiene un aro y una red que cuelga de él.

*La mayoría de los partidos de basquetbol **profesional** duran 48 minutos. Cada partido se divide en cuatro períodos de 12 minutos cada uno, que se llaman **cuartos**.*

Anotar puntos

Cada equipo sale a la cancha con cinco **jugadores** o compañeros. Durante el partido, los jugadores de cada equipo tratan de anotar puntos. Anotan puntos cuando el balón entra en el cesto del otro equipo. El equipo con más puntos al final del partido es el ganador.

¿Ofensiva o defensiva?

Un equipo de basquetbol siempre juega a la **ofensiva** o a la **defensiva**. Un equipo juega a la ofensiva cuando tiene el balón y trata de anotar puntos. Juega a la defensiva cuando no tiene el balón y trata de impedir que sus **oponentes** anoten puntos. Los oponentes son los jugadores del otro equipo.

Algunos jugadores de basquetbol son muy altos. Dikembe Mutombo (de blanco) mide siete pies y dos pulgadas (2.2 m) de estatura.

5

En la cancha

La cancha de basquetbol tiene líneas. La **línea media** divide la cancha en dos mitades iguales. Las **líneas laterales** marcan los costados de la cancha. Las **líneas de fondo** marcan los extremos de la cancha.

Cada uno en su puesto

Cada jugador ocupa una **posición** dentro de la cancha. Hay cinco posiciones: el **base**, el **escolta**, el **alero**, el **ala pívot** y el **pívot** o poste. Cada uno en su posición cumple una función que ayuda a su equipo a ganar el partido. Sigue leyendo y aprenderás más acerca de las cinco posiciones.

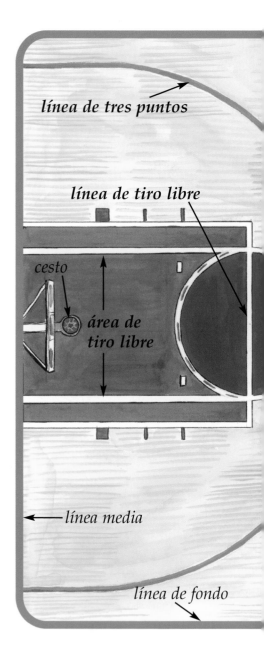

línea de tres puntos

línea de tiro libre

cesto

área de tiro libre

línea media

línea de fondo

En el cesto

Los cestos están a 10 pies (3 m) del suelo y cuelgan de **tableros**.

tablero

aro

red

alero
(ver páginas 16-17)

base
(ver páginas 12-13)

ala pívot
(ver páginas 18-19)

línea lateral

pívot
(ver páginas 20-21)

escolta
(ver páginas 14-15)

Forma de juego

Los jugadores de este deporte usan algunos **movimientos** básicos o acciones. En estas páginas verás algunos de los movimientos más comunes.

*El jugador que tiene el balón debe **driblar** mientras se mueve en la cancha. Driblar significa botar el balón sin parar.*

***Tirar** es intentar que el balón entre en el cesto. Si el balón entra en el cesto, el jugador anota puntos.*

Cuando un equipo defiende, cada jugador **marca** a un oponente. Marcar significa quedarse cerca del oponente para impedir que reciba pases o que tire el balón.

Para mover el balón rápidamente en la cancha, los jugadores se lo **pasan** entre ellos. Hacer un pase significa lanzarle el balón a otro jugador.

Un **rebote** sucede cuando el balón rebota contra el tablero o el aro. Cuando el rebote cae, los jugadores de ambos equipos tratan de recuperarlo.

Grandes tiradores

En el basquetbol hay tres **tiros** principales. Los **tiros en suspensión**, las **bandejas** y las **clavadas**. Los jugadores usan los tiros en suspensión cuando están muy lejos del cesto. Usan bandejas y clavadas cuando están cerca del cesto.

¿Cuánto valen?

La mayoría de los tiros en el basquetbol valen dos puntos. Si un jugador hace un tiro desde detrás de la línea de tres puntos, el tiro vale tres puntos.

Para realizar un tiro en suspensión, el jugador levanta el balón sobre su cabeza, salta y tira al cesto.

Para hacer una bandeja, el jugador salta hacia el cesto, hace rebotar el balón contra el tablero y encesta.

Para hacer una clavada, el jugador salta hacia el cesto y mete el balón directamente en él.

El base

La principal tarea del base es lograr que su equipo juegue de manera ofensiva. Para ello, el base debe **subir** el balón por la cancha o llevarlo hacia el cesto del oponente.

¡Ábrete!

Una vez que el base sube el balón, se lo pasa a un **compañero que esté libre**. Un jugador libre es el que no está marcado de cerca por un oponente. Una vez que este jugador tiene el balón, trata de anotar.

Esta jugadora base (de rojo) está subiendo el balón.

Sin opción

Algunas veces, los oponentes marcan muy de cerca al jugador base del otro equipo. Cuando este jugador está marcado de cerca no puede pasar el balón. No le queda otra opción que tirar al aro.

El más veloz

Generalmente, el base es el jugador más bajo del equipo. Los jugadores de baja estatura se pueden mover más rápido que los más altos. El base es un jugador veloz que puede correr entre sus oponentes para subir con el balón.

Tony Parker no tiene un compañero libre a quien pasarle el balón. Por eso hace una bandeja.

El escolta

La tarea principal del escolta es hacer tiros desde el **perímetro**. El perímetro es el área alrededor de la línea de tres puntos. El escolta corre rápidamente de un lado a otro por todo el perímetro para escaparse de los oponentes.

Tira al aro

Una vez que el escolta se desprende de los oponentes, está libre para recibir pases. Cuando el escolta recibe un pase, por lo general intenta un tiro al cesto.

A veces, Sue Bird juega como escolta. Otras veces, juega como base.

Cuestión de altura

Los tiros al cesto desde una corta distancia son más fáciles para los jugadores altos que para los bajos. Cuanto más alto es un jugador, más fácil le resulta llegar al cesto. Los escoltas no son los jugadores más altos del equipo, por eso suelen intentar sus tiros desde el perímetro.

Dwyane Wade es escolta. Está haciendo un tiro desde el perímetro.

El alero

El alero es un jugador alto y veloz que tiene muchas tareas dentro de la cancha.

Un alero intenta tiros en suspensión desde el perímetro. También hace bandejas y clavadas desde un lugar cercano al cesto. El alero del equipo suele marcar la mayoría de los puntos de su equipo, ya que intenta tiros desde distintos lugares de la cancha.

Shawn Marion está haciendo una clavada.

La mejor defensa

Los aleros son excelentes **defensores**. Los defensores son los jugadores del equipo que juega a la defensiva. Los aleros son buenos defensores porque son suficientemente rápidos para seguir y marcar de cerca a sus oponentes. Los aleros suelen usar sus largos brazos para impedir los pases entre los oponentes.

El alero Carmelo Anthony (de azul) está marcando a Mike Dunleavy (de blanco).

17

El ala pívot

Los alas pívot son jugadores altos y fuertes. Usan su altura y fuerza para **atacar el cesto**. Para hacerlo, el jugador dribla y corre directamente al cesto. Pocos jugadores son capaces de parar a un ala pívot que ataca al cesto.

Chris Bosh (de morado) es un ala pívot alto y fuerte. Aquí lo vemos atacando el cesto para hacer una bandeja. ¡Cuidado!

Un toque suave

Después de llegar al cesto, el ala pívot tira el balón al cesto con suavidad. Si lo lanza con mucha fuerza, podría rebotar en el tablero o en el cesto. Cuando el jugador lo lanza con suavidad, el balón entra fácilmente en el cesto. Se dice que los alas pívot que hacen tiros suaves tienen un gran **toque**.

Dirk Nowitzki (izquierda) y Tim Duncan (derecha) son alas pívot. Nowitzki está haciendo un tiro en suspensión después de atacar el cesto.

El pívot

Yao Ming (de rojo) es un pívot y aquí lo vemos saltando para conseguir un rebote.

El pívot o poste suele ser el jugador más alto del equipo. Muchos pívots miden más de siete pies (2.1 m) de estatura. El pívot no suele anotar tantos puntos como otros jugadores, pero ayuda a su equipo de otras maneras.

Llega más alto

El pívot usa su altura y sus brazos largos para atrapar los rebotes antes que sus oponentes. Luego, el pívot le pasa el balón al base y así el equipo puede empezar a jugar a la ofensiva.

Tiros bloqueados

Los pívots suelen usar un movimiento que se llama **bloqueo**. Cuando el pívot del equipo contrario intenta tirar el balón, el pívot puede bloquear el tiro saltando hacia el cesto y sacando la pelota antes de que entre.

Dikembe Mutombo (de blanco) es un pívot y aquí lo vemos bloqueando un tiro.

El árbitro

En cada partido de basquetbol hay por lo menos un **árbitro** que se asegura de que los jugadores cumplan el reglamento. La regla más importante en el basquetbol es que **no es un deporte de contacto**. Por lo tanto, los jugadores no se pueden golpear ni empujar.

Este árbitro se asegura de que todos los jugadores cumplan las reglas.

Juego sucio

Los árbitros se aseguran de que los jugadores no se golpeen ni empujen. Cuando esto sucede, el árbitro hace sonar su silbato para detener el partido. El jugador que le pega o empuja a otro comete una **falta**. Cuando un jugador comete seis faltas en un partido, debe abandonar la cancha.

El jugador de negro golpea al jugador de blanco y le comete falta.

De paseo

Los jugadores de basquetbol deben driblar el balón cuando corren con él. Si el jugador da más de dos pasos sin driblar, comete una falta llamada **caminar**. También camina si salta con el balón y vuelve a tocar el suelo sin hacer un tiro o un pase. Cuando el jugador camina, el árbitro detiene el partido y le da el balón al otro equipo.

Tiros libres

Cuando un jugador recibe un golpe o empujón mientras intenta un tiro, se le dan **tiros libres**. Si el balón entró en el cesto, el equipo gana dos puntos. El jugador que recibió el golpe o el empujón tiene que hacer un tiro libre. Cada tiro libre vale un punto. Si el tiro no entró en el cesto, el jugador obtiene dos tiros libres.

Jugada de cuatro puntos

Si el jugador estaba realizando un tiro detrás de la línea de tres puntos cuando le cometieron una falta y el balón entró en el cesto, obtiene un tiro libre. Si el balón no entró en el cesto, obtiene tres tiros libres.

Los tiros libres se lanzan desde la línea de tiro libre. Cuando un jugador lanza tiros libres, el resto de los jugadores deben esperar fuera del área de tiro libre.

Ligas de basquetbol

Shaquille O'Neal ayudó a Miami Heat a ganar la final de la NBA en 2006.

La **National Basketball Association**, o **NBA**, es una **liga** de basquetbol conocida en todo el mundo. Una liga es un grupo de equipos que compiten entre ellos. La NBA está formada por 30 equipos.

La final

Todos los años, la **temporada** de la NBA comienza en octubre y termina en junio. La temporada termina cuando los dos mejores equipos compiten en la **Final de la NBA**. El ganador de la final se convierte en el **campeón** de la liga.

La WNBA

La **Women's National Basketball Association**, o **WNBA**, es una liga profesional de basquetbol femenino. Al final de cada temporada, los dos mejores equipos de la WNBA juegan la **Final de la WNBA**. Lisa Leslie, que aparece a la derecha, es quien más puntos ha anotado en la historia de la WNBA. Ayudó a su equipo a ganar la final de la WNBA en dos ocasiones.

La NCAA

Los jugadores universitarios juegan en la **National Collegiate Athletic Association**, o **NCAA**. La NCAA tiene ligas femeninas y masculinas. Los partidos de la NCAA son casi tan populares como los de la NBA. Los mejores jugadores de la NCAA suelen convertirse en jugadores profesionales.

Ases del basquetbol

Niños de todo el mundo han crecido con el deseo de jugar al basquetbol como lo hicieron las estrellas Michael Jordan, Larry Bird y Magic Johnson. En estas páginas encontrarás algunas de las grandes estrellas del basquetbol actual.

Tamika Catchings

Tamika Catchings, que aparece a la izquierda, es alero de un equipo llamado Indiana Fever que juega en la WNBA. En sus primeras cuatro temporadas en la WNBA, obtuvo la mayor cantidad de puntos, rebotes, **asistencias** y **robos** para su equipo.

Shaquille O'Neal

Shaquille O'Neal, o "Shaq", es uno de los mejores pívots de la historia del basquetbol. O'Neal mide más de siete pies (2.1 m) de estatura. Ayudó a su equipo a ganar la Final de la NBA en 2000, 2001, 2002 y 2006.

LeBron James

LeBron James, que aparece a la derecha, es un ala que comenzó a jugar en la NBA cuando tenía tan sólo dieciocho años. Pronto se convirtió en una estrella.

Deanna Nolan

Deanna Nolan juega como base y como escolta para los Detroit Shock de la WNBA. Es una de las mejores jugadoras de esa liga.

Steve Nash

Steve Nash, que aparece a la izquierda, es base. En dos oportunidades recibió el premio al **jugador más valioso** que entrega la NBA. Nash es un gran tirador, pero es aún mejor haciendo pases. Con sus excelentes pases, ayuda a sus compañeros a anotar puntos.

29

¡Hora de jugar!

El basquetbol es un deporte muy popular, por varias razones. Es un deporte emocionante que todos pueden jugar. No importa tu estatura. ¡Todos pueden lanzar un balón a un cesto!

Dónde jugar

Muchos parques y escuelas tienen canchas gratuitas al aire libre o bajo techo. Entonces, reúne a tus amigos, vayan a la cancha, ¡y jueguen!

*Puedes jugar basquetbol aunque no haya un equipo. **Uno a uno** es un juego de basquetbol entre dos jugadores. Es muy divertido.*

Juego en equipo

Si quieres ponerte un reto, puedes inscribirte en una liga de basquetbol. Las escuelas, los clubes deportivos y los campamentos de veranos son lugares que tienen ligas para niños de todas las edades. Pídeles a tus padres o maestros información sobre las ligas de basquetbol en tu región.

¿Por qué no colocar un cesto de basquetbol en casa? Pregúntales a tus padres si puedes conseguir un cesto para la entrada de la cochera. El basquetbol es buen ejercicio y una excelente manera de pasar el tiempo con tus amigos.

Glosario

Nota: Es posible que las palabras en negrita que están definidas en el texto no figuren en el glosario.

asistencia (la) Pase que le permite directamente que un compañero anote puntos

campeón (el) El equipo que gana el último grupo de partidos de la temporada

defensiva (la) El equipo que no tiene el balón y que trata de impedir que el equipo contrario anote puntos

falta (la) Sanción que se le da a un jugador por golpear o empujar a otro jugador

Final de la NBA (la) El último grupo de partidos de la temporada de la NBA para decidir cuál será el campeón de la temporada

Final de la WNBA (la) El último grupo de partidos de la temporada de la WNBA para decidir cuál será el campeón de la temporada

jugador más valioso (el) Premio que se le entrega al mejor jugador de la temporada

liga (la) Un grupo de equipos que juegan partidos entre ellos

ofensiva (la) El equipo que tiene el balón y trata de anotar puntos

profesional Describe los partidos de basquetbol donde se les paga a los jugadores que practican ese deporte

robo (el) Quitarle el balón a un oponente

temporada (la) Un periodo durante el que se juega un deporte

tiro (el) Un intento por meter el balón en el cesto

tiro libre (el) Tiro realizado desde la línea de tiro libre después de que se comete una falta

toque (el) La habilidad de tirar el balón con suavidad

Índice

Impreso en Canadá